仏教からクリスチャンへ

まえがき

『仏教からクリスチャンへ』が品切れとなり、再版を願う声が多くある中、新装改定版として刊行でき感謝申し上げます。本書は福音宣教の一端を担わせていただくための伝道用として刊行しました。

先日ひとりの読者様からコメントを頂きました。近くのお寺様に本書を届けてきました。イエス様を信じて下さるよう祈っています、一緒に祈ってくださいとのことでした。本書の刊行の願いの一つは、お近くのお寺様に一冊でもお届けしていただけますなら感謝でございます。今がチャンス到来の時期と考えています。

日本は江戸時代に幕府がキリシタンを排斥追放するために檀家制度と寺社奉行を作り、国民は寺に籍を置くことと僧侶の優遇が行われ、仏教文化が栄えました。それが今日に及んでいます。明治時代に入ると政府は寺を壊し、天皇を元首とする国家神道はじめ神社神道を作り上げ、昭和20年の敗戦と同時に国家神道が解体されるや新興宗教がラッシュアワーのように生まれ、キリスト教がＧＨＱのもとで盛んになりましたが、変質した仏教や神道の文化に押され、キリスト教福音文化が極めて些少であります。

また社会現象の一つとして夏になればクリスチャンまでも「お盆休み」や「お中元」を口にされ、焼香の意味すら分からずに手を合わせ、数珠を一家に一つ用意するキリスト者家庭もあります。冬には商業的なクリスマス現象が終えると除夜の鐘をきいて大晦日を過ごし、元日には太陽を拝み、寺や神社や教会に行きます。日本の宗教文化は重層信仰、混合宗教と言われています。正月の時だけ晴れ着を着て清々しい気分を味わい、一年の計は聖書にありと言いつつ聖書を数日間読み、休み気分から離れると世間体の中で聖書を積読という人がいます。

今一度、復活された主の力を頂き福音宣教とその文化を造り上げていく必要があります。そのために本書が少しでもお役に立てて頂けますなら幸いかと思い刊行させて頂きました。末尾には仏教とキリスト教の違いや図を添え、一度お読みくださいますれば嬉しく思います。

編著者記す

目次

CONTENTS

僧侶志願生からキリストへ◉川口《かわぐち》一彦《かずひこ》……5
仏教からキリストへ◉亀谷《かめがい》凌雲《りょううん》……29
扉は開かれた ―私の回心記―◉笈川《おいかわ》光晴《みつはる》……39
仏教よりキリストへ◉大堀《おおほり》善諦《ぜんてい》……49
仏僧より牧師へ◉道籏《みちはた》泰誠《たいせい》……55
仏教とキリスト教の違い……69
浄土教とキリスト教の違い……75

僧侶志願生から
キリストへ

川口一彦
Kazuhiko Kawaguchi

1―神は生きておられる
2―人生の意味や目的を求めて
3―生い立ち
4―生きることの苦しみと挫折
5―書道家を目指して
6―酒と快楽の奴隷
7―宗教に真理を求めて
8―初めての教会訪問と憤慨
9―まことの神に立ち返る
10―新しい人生の出発
11―開拓伝道

1　神は生きておられる

私は仏教を専攻し、仏道を求めて宗教学科で学んでいたとき、人生を決定したものは次の三つでした。一人の牧師との出会い、聖書のことば、仏教ミッションの大学図書館にあった一冊の書物でした。その書物とは亀谷《かめがい》凌雲《りょううん》著『仏教からキリストへ』です。これらによって私の人生は変えられ、幸いな日々を過ごす者にされました。

以前の空しい心から喜びへ、死にたいと考えていた絶望の人生から望みを抱いて生きる人生へ、罪を犯していた冷たい人生から神のあたたかい愛と赦しに包まれ、感謝にあふれた人生に変えられました。しかし最高の恵みは、探し求めていた真の神様に出会ったことでした。それは神様のほうから私に出会ってくださったのです。真実の神、イエス・キリストに出会ったとき、躍り上がって最高に喜びました。神は生きておられ、私も人生転換ができ、心がいやされました。

幼いとき、夜空を見上げ、たくさんの星があることを不思議に思い、こんなにすばらしい星や広大な宇宙はだれが作ったのだろうと考えていました。その製作者についてはだれからも聞いたことがありませんでした。しかしクリスチャンになって聖書を読み、天地万物の作者がただひとりの全能の創造主であることが分かると、神の存在を疑う心は霧のように消えていき、聖書に書かれてある一つ一つを信じる者になりました。

聖書を読むと二つのことが分かってきました。その一つは、天地万物や人を見ると、創造主の知恵と力が現われているとのことでした。万物を造るには、遠大で細部にわたるまで造るわけですから、大変緻密な設計と知恵と偉大な力が必要となります。それらを全知全能の神がなさったということでした。

もう一つ分かったことは、自分自身の心がどんなに汚れ、悪の心であるかということです。クリスチャンになって、かつての自分が貪《むさぼ》りと盗みをし、アルコール中毒で多くの人に暴言を吐いて恐怖を与え、罪悪に満ちた自分自身であることを知らされたのです。

そして、愛知県春日井市の梶日出男牧師に出会ってから神への反抗や葛藤《かっとう》が始まり、仏教が正しいのかキリスト教が正しいのかという模索《もさく》の中、神に出会いました。

三つ目に分かったことは神であるキリスト・イエスが人となり、力ある言葉で人を救い、奇蹟を行ない、十字架の死にまでも歩まれ、人間の罪悪を裁くことをせず、十字架の上で一切の罪を赦し、神の義と愛を現わし、死から復活し、昇天し、生きておられることを知りました。この方が私の救い主であることを聖霊が教え、信仰を持たせていただき、変えていただきました。

2―人生の意味や目的を求めて

人生の意味と目的を探し求め、私は禅宗で曹洞宗立の愛知学院大学宗数学科に入学し、仏教を専攻しました。それは自分自身の安心のための入学で、心も弾《はず》み、学ぶ意欲にあふれていました。講義を受ける学科生のほとんどは世襲《せしゅう》もあってか、寺の子息が大半を占め、ある教授は、生徒たちに向かって、いつも次のようにつぶやいていました。

「なぜ君たちは、教科書よりもタバコやマッチしか持ってこないんだ。タバコは忘れても教科書は持って来い」と。

生徒の多くは恋愛のことや車のことに熱心で、人生の目的や意味について話すような、宗教的で哲学的な人は見当たりません。ある日、将来は住職を務めるという副住職の一学生と話すようになりました。

彼を見ると、修行してきたかのような風貌《ふうぼう》があり、人生を知っているかのようでした。あるとき彼は私を名古屋の地下街の喫茶店に誘うと、そこはジャズ喫茶でした。タバコを吹かし、目を閉じて瞑想《めいそう》していると、彼は私にこう言いました。

「僕は、このジャズを聴いていると心が落ち着くんだよ」。

彼の一言で私は失望してしまいました。なぜなら、私を誘った副住職なら、彼の口から「仏教とはこうなんだ、人生とはこうなんだ、悟りとはこんな境地なんだ」との言葉が聞けると期待していたからです。彼はジャズに人生と生きがいを求めており、後で聞いた話によれば、彼の日々は、法事に明け暮れる多忙さの中で、休み場もなく、趣味だった音楽に真実の安らぎを求めていたというのでした。

3 ― 生い立ち

私は三重県の松阪に生まれました。家の宗教は町に一つしかない先祖代々の浄土宗の檀家で、仏壇もあれば神棚もあり、夏には盆行事を行い、正月には年の瀬に父と作った注連縄《しめなわ》を飾った神々に礼拝し、太陽や神棚にもお辞儀をし、伊勢神宮や山の神、村の鎮守の社にも詣でる慣わしをしていました。また月一回は隣組が集まって念仏講をし、鈴を鳴らしてご詠歌《えいか》を朗誦する、少々熱心な宗教家庭でありました。

このような日本的宗教の通過儀礼の慣習が肌身についていたことから、他宗教のことは一切分からず、また郷里にはキリスト教会も聖書もなく、もしも聖書を読みクリスチャンが出るなら、非国民と呼ばれたり、先祖に顔向けできないと言われかねない田舎風の町でした。

祖父の葬式のとき、棺を担いで寺まで行き、土葬し、帰り道は穢《けが》れているという因習から、行きと違う別の道を帰り、家の玄関では清めの塩を体に撒いたりしたことを覚えています。その当時は、夜歩くのが大変怖く、死んだ霊が出るのではないかとおびえていました。ですからクリスチャンになっていつもおびえていた死人の霊の恐怖から解放されたのは大きな喜びでした。

親戚には新興宗教の信者の家があり、小学生のときに誘われて教祖を祀《まつ》った記念行事に参加したこともあって、クリスチャンになる前の新興宗教遍歴の背景にはこれがあったからだなと思います。

このような宗教的環境の因習の中から救われ、しかもその最前線で奉仕する牧師の職につくようになり、また父も母もイエス様を信じることができたのは、神様の憐れみでしかありません。

4―生きることの苦しみと挫折

父は、私が小学生のときに失明し、視覚障害者手帳を持ち、父だけでなく伯母や叔父たちも視覚障害者となりました。中学生のとき、白い杖をついた父と外出して歩くのが恥ずかしくて嫌になり、それは対面する人々が父を見るだけでなく、私自身をも特別な目で見、それが気になっていったのです。今考えれば、思春期というものと思います。

家は農家でしたが、父が外で仕事ができず、私たち兄弟はみな中学を卒業して就職しました。中学の担任の先生に導かれて名古屋の大手化学工場の養成工として就職し、世間知らずで青二才の者が最初に出会った苦しい試練は、人間関係や先輩たちとの集団生活でした。

田舎丸出しの私は、上下関係で使う言葉も何一つ知らず(それは教えられてこなかった)、先輩たちに向かって「そいでなー、ほやなー、おおきに、わてなー(「私は」の意味)」などと連発するので先輩たちから叱られ、先輩たちは私に「先輩に向かって言葉が汚い、態度がでかすぎる」と何度も指摘し、こちらも大いに困ってしまい、すぐに丁寧な言葉に変える術もなく、言葉遣いには大変神経を使いました。

養成工としての毎日は、朝八時に出勤、工業高校の授業内容と同じ勉強をし、夕方の五時からは大変厳しいクラブ活動が待っていました。バスケットボール部に入り、台風以外の雨の日も毎日五㎞走り、死に物狂いの毎日でした。体力の弱い者たちは叱られてばかりで、私はいつも最後。先輩が後ろに来ては、怒鳴ったり、足蹴りしたりして檄を飛ばす。どうして死に物狂いに部活をするのかと言いますと、私の勤めていた会社はトヨタ自動車や東レや大同特殊鋼などの実業団との対抗試合がよくあり、勝つことを目標にしていたからです。そこに入った私も犠牲になったということです。ついに私は部活についていけなくなり、挫折したのでした。

私はこのような環境の中で、生きるよりも死ぬほうが幸せであることを思うようになり、自殺は愚か者の結論であることを知りながらも自殺願望に明け暮れていきました。

仲間は一人辞め、二人辞め、私も「なぜこんなにまでして部活をしなければならないのか、走らなければならないのか、苦しんでまでしなければならないのか」と、落ち込んで考えるしかありませんでした。

両親に話もできず、ついに家出(寮出)をしました。その後の日々は暗く、無残で、惨めで、言葉にも表現できない姿へと変わっていきました。

もし救われるなら救っていただきたい、解放されたい、解決したい、死にたい、それしか考えられなくなっていました。

5 ― 書道家を目指して

私は現在、愛知県立城山病院の精神科デイケアー教室でメンバーの方々に書道を教えて二〇年以上にもなり、教会でも聖句書道を教えています。

書道は、社内の書道部で学びました。師範の先生は大変厳しい人で、バスケット部のコーチでもあり、全国的な書道展でも活躍していました。その厳しさは出身高校の相撲部で鍛えられてきたことから、そっくりの鍛え方を部活や書道部の私たちにされたのです。先生はまた喧嘩においても度胸が据わり、信頼の的でありましたが、鬼コーチとの異名もありました。

書においても大変厳しく、書道部のメンバーの大半は部課長や先輩ばかり。一番年下の私に対しては、特に厳しく、褒めてもらったこともなく、しかしいち早く師範の免状が与えられ、書道展での賞も頂きました。それは先生の厳しい指導の賜物であったと思います。

バスケット部での過酷な練習の厳しさを慰めるものは書道でした。毎晩毎晩、書に明け暮れ、休日の行き先は美術館や書道展会場で、中国の詩人の書を読んでは中国にも憧れ、美術や芸術に傾倒しました。一九七二年の中日書道展に初出品して特選を頂き、謝礼金を用意するように求められたときは、将来の日展書作家を目指していた小さな希望が一瞬のうちに消え去ったことを覚えています。

現在は牧師であり、クリスチャンになってからは金銭を積んでまで昇進したいとは思わなくなり、むしろ聖書を書くことが楽しみで、こんな素晴らしい御言葉を書という文化を通して表現できることは、神を知ったお陰で、神様の恵みです。

また景教碑文や景教文書を『景教』と題してイーグレープから出版することができたのも、イーグレープ社長の穂森宏之氏との大きな出会いがあってこそで、青年時代に書を厳しく教えていただき、漢詩・漢文作り教室にも通って学んだ恵みであることを思えば、すべてが有益になることだと教えられるのです。

6　酒と快楽の奴隷

その鬼コーチは、私たち若者に酒をも教えたのです。鬼コーチから日本酒やウイスキーを飲まされ、週一は酒屋にまで出かけ、会社の宴会には率先して酒を酌み交わす者になっていきました。

養成工を三年で卒業して職場に配属され、一年後には夜間の定時制高校に入学しましたが、高校の前に酒屋があったこともあって、五分間の休憩時間には酒屋に急いでワンカップ(日本酒)を飲んで授業するくせ者で、修学旅行は当然ウイスキーをカバンに入れて飲みながらの有様、まさにアル中に成り果てていたのです。

鬼コーチの部屋には、色紙にご自分の毛筆で「酒がいらない薬ができたら、なんと幸いだろう」と書き、先生もアル中で苦しんでいたのであり、先生は私たちに良いことも悪いことも教えたのでした。

私は書道や文学の本を買うのに、行きつけの書店に注文依頼していましたが、注文しても期日まで届かないときは、酒を飲みながら怒鳴ったりしていたこともあって、店員や店長はびくびくしていたと聞きました。

ところが私が神の力と恵みによって洗礼を受け、タバコや酒や快楽からも一切解放されたことを証しすると、店長は私が嘘を言っていると思って信用してくれず、後になって開拓伝道をしていると話をすると、集会に来てくれ、初めて信じてくれたほどで、本当に私は多くの人に大変な迷惑をかけていたのでした。

神様はこんな堕落した私を救い、新しく生まれ変わらせてくださったので、神様こそが私自身の助け手、命の恩神で、それゆえ「私にとって生きるはキリスト」、この神のために生きていくよう献身に導かれ、神はこの道を用意してくださっていました。

7—宗教に真理を求めて

酒を毎日のように飲みながら、歩道をぶらぶら歩いていると、新興宗教の指導者に会いました。高齢で酒を飲まれていたことから酒仲間になって講話を聞くようになり、青年会の練成会にも参加しました。教義内容はいろいろな宗教の良さを取り入れて独自の教えを作り上げたもので、選挙の時には応援にも出かけ、チラシ配布もし、祈り方も一種独特であったことを覚えています。

次は道徳を実践する倫理団体に入り、朝早くから慈善清掃をし、人々に親切なことを率先するよう教えていました。なぜなら慈善事業や親切心を世間様に与えれば、その見返りが必ず自分に帰ってくるというのでした。

私は新興宗教にも救いを求めつつ、何一つ心に安心を得ることができずにいたとき、書店で八木重吉というクリスチャン詩人の『貧しき信徒』という本を見ました。詩には、神を呼ぼうとあり、読みながら一つ一つの詩の清さに心が打たれていきました。

このような宗教関係に接していた折、自分の心にもっと宗教を専門的に学んだほうが本当のことが得られると思い、夜間高校の卒業と同時に八年間勤めた会社を辞め、その退職金で入学金と授業料を納入し、愛知学院大学宗教学科に入学したのです。

入学の勢いで名刹の仏閣を巡礼し、禅寺にも出かけ、特に良寛の修行地の玉島の円通寺に行き、良寛の思想に触れました。彼の漢詩には次のようなものが残されています。

「私の人生はどこから来て、どこに行くのか。・・・・それを思い巡らしても、初めも終わりも分からない。・・・・いっそのこと自分自身を空の中に入れてしまって、あるがままの自分としてのんびりやろうじゃないか」(私訳)。

このような良寛の詩には飾らない人柄があふれ、小さなことにも囚われない人生を生きているかのようで、彼の詩が愚かな自分に語りかけているかのようでした。種田山頭火や尾崎放哉などの放浪詩人にも共感を得ていました。

8―初めての教会訪問と憤慨

宗教学の授業で教授は学生に、「宗教を学ぶのだったら、いろいろな宗教を学ぶと良い」と語られた言葉で、教会案内が電柱にあったことから、近くの教会に出かけました。それがキリスト教・春日井福音館で、生まれて初めての教会訪問でした。

当時、教会は畳敷きの古い小さなアパートを借りて集会しており、会堂の玄関を開けると今は亡き梶日出男牧師が明日の礼拝の準備をしておられました。

私は坊主頭で草履履き、汚い服装は見るからに乞食同然。梶牧師はこのような私を、愛をもって受け入れてくださり、おまけに帰りには奥様から美味しいカレーうどんをいただき、今までこんなもてなしを経験したことがありませんでした。牧師は「明日は礼拝ですから来てください」と勧められ、明くる日の礼拝に参加したのでした。

このときの様子については梶日出男著『行く手には虹がある』(いのちのことば社)に書かれてあります。

私はノート持参でフィールドワークとして礼拝に出かけました。牧師はルカの福音書一〇章から「よきサマリア人」について話され、何の意味かは分からず、しかしその時の聖書の説教がノートにきちっと書いてあります。

その日から毎週、私は礼拝に参加し、聖書の話を聞くようになりました。ところが牧師の説教は私の考えていたものとは違い、「偶像は罪です。偶像を拝む人も罪人です」と言う受け入れられないものでした。なんというひどい話だ、おかしな説教だ、と思いながら憤慨し、もう二度と教会に行かないよう決め、行かなくしたのです。なぜなら私には偶像があり、それを拝むことは大切で、良いことと考えていたことから、偶像の悪口を言う者と自分とは合わないと思ったのです。それは当然のことでした。

教会への集会参加をやめると、牧師はひとりの男性信徒を連れて訪問され、それが何度も何度も来られたので、私は困り果て、どのように断ろうかと考え、口では負けてしまうので、毛筆で「面会謝絶」と書き、玄関の扉に張りました。

すると牧師は訪問されなくなり、安心して張り紙をはずすと、ノックする音がし、顔を出すと、例のごとく一枚の集会案内のチラシを持った梶牧師でした。

「今度、こんな集会があるから一緒に行かないか」との言葉には閉口し、断り切れず、「なんとしつこい人だ」と、あ然とするしかありませんでした。

9 ― まことの神に立ち返る

誘われて名古屋市南区の教会の特別集会に参加しますと、今は亡き本田弘慈という大衆伝道者が熱い言葉で、キリストの十字架の愛と人間の罪と救いを伝えていました。

「知ってください。あなたの心が空しいのは、まことの神から離れて自己中心に生きているからです」

「そのために多くの罪を犯し、やがて裁かれ滅びていくのです」

「しかし神はあなたを救うためにひとり子イエス・キリストを与えてあなたの身代わりとし、十字架で一切の罪を赦してくださったのです」

「いいですか、このイエス様を救い主として信ずるなら、あなたも救われるのです」

「あなたはいかがでしょうか。今、イエス様を信じませんか」などなど。

その説教は私の心を打ちました。頑固な私の心は、氷が解けていくかのように柔らかい心にされ、私が犯してきた罪は暴露され、自分自身が罪人であることを知らされました。

そしてその罪が十字架の血によって赦されるとのこと、キリストが罪の身代わりとなって十字架で死なれ、神が私自身を愛していることを知ったのです。十字架の愛によって私のような者も愛されていることが分かると、目からは大量の涙があふれ出ていました。

私は涙とともにイエス・キリストをこのとき、私の救い主と信じ、犯してきた罪をも悔い改め、説教者の招きを受けて前方に歩み出、頭を下げ、祈りをしていました。

梶牧師は、私の後ろにいて、説教者の一つ一つの言葉に、相槌を打つかのように、アーメン、アーメンと唱えていたことを私は覚えています。

牧師の積極的でしつこいまでの熱心な訪問がなければ、私は救われておらず、酒の虜と空しさで滅んでいたと思うと、ぞっとします。一方的な神の働きがあり、神は牧師を通して救いに導き、神の子にしてくださいました。神は愛、キリストは愛です。

あくる日の礼拝からは、今までとは打って変わって喜びにあふれ、礼拝後に皆さんの前で、はっきりと「洗礼を受けます。クリスチャンになります」と告白したのです。それが一九七五年五月で、神の愛と喜び、涙にあふれて洗礼を受けることができました。

「ひとりの罪人が悔い改めるなら、・・・・喜びが天にあるのです。」

「ひとりの罪人が悔い改めるなら、神の御使いたちに喜びがわき起こるのです。」

「この息子は、死んでいたのが生き返り、いなくなっていたのが見つかったのだから。」

（ルカの福音書一五章）

神に愛され、認められ、祝福をいただき、永遠のいのちへの水がわき出る者とされたことは、今までのどんな宗教からも得られなかったものです。

10 新しい人生の出発

洗礼を受け、神の力に満たされてから、不思議なことが起こり、キリストにある新しい人生が始まりました。

一つは、礼拝や諸集会にも喜んで参加し、毎日聖書に親しみ、神を求め、その信仰が強められていきました。礼拝は一度しか休んだことがなく、永遠の愛で愛してくださった神を崇め、賛美し、礼拝する者へと変えられました。

二つは、一切の罪が暴露され、仏像をはじめ偶像を焼き捨て、あらゆる偶像崇拝から解放され、今まで盗んでいたものも謝罪して返却し、貪りの罪から解放されました。

三つは、両親に主イエス・キリストを救い主として伝えると、両親も伯母も偶像をやめ、イエス・キリストを信じる者へと導かれ、私は両親を敬う者へと変えられていきました。

四つは、酒やタバコや快楽から解放されました。

五つは、主イエスを証しして伝道するように導かれ、大学では祈って聖書研究会（キリスト者学生会・ＫＧＫ）を開き、主を信じて救われる人が起こされていきました。教会では牧師や信徒とともに宣伝カーのマイクで路傍伝道し、人々に主の素晴らしさを伝えました。

神様はさらに大きな恵みをくださり、私を変えてくださいました。

その一つは、受洗後まもなくの祈り会のときでした。遅れて出席すると、みな熱心に祈りをしていました。信徒の息子さんが、中学の校舎の三階から落ちて病院に運ばれ、骨折したとのこと。その癒しのためにみなが祈っていたのです。私も祈りに参加しましたが、急に体が硬直して恐ろしくなり、それは今までなかったことでした。私にとっては他人の癒しよりも、自分の体のことしか考えられず、皆さんに「私のために祈ってください」とお願いすると、牧師は真剣に祈ってくださり、たちどころに硬さと恐怖がなくなって平安にされ、このときから心を縛っていた一切の宗教霊から解放されたのでした。

私は神に捕らえられ、今までの宗教や偶像の一切から離れました。これは神のなされた不思議なことで、三階から落ちた息子さんの骨折も明くる日に撮ったレントゲンには一切消えており、神は祈りに答えられるお方であることも知りました。

その二つは、大学の授業でのことです。洗礼を受け、聖霊に満たされた私は、今まで好きであった仏典の漢文素読や仏教の授業が続けられなくなったのです。

教授の多くは寺の僧侶で、ある日の授業の時、先生のお顔が悪魔に見え、それはそれは、大変恐ろしく、怖くなり、授業ができなくなったのです。

どうしたらよいのかと悩む日が続きました。仏教とキリスト教はどのように違うのか、家族にどう説明したら納得してくれるのか、悩みを解決する道を模索していました。

すると大学の図書館の中で一冊の書物に出会ったのです。元浄土真宗の僧侶で、僧籍を捨てて牧師となった亀谷凌雲著『仏教からキリストへ』という本でした。私は一気に読破し、その本は私に大きな光と勇気を与え進路を照らしてくれました。その本を通して「これが真理だ」「生きるはキリストの道だ」との確信が与えられたのです。私にとってこの本は聖書の次に非常に大切な書物となったのです。

この本は仏教の教義も分かりやすく教えており、仏教とは本来、苦と人生を縛ったものから解放する人間哲学で、そのために自己に目覚めて生きることが本来の仏教であること。そのような人間中心の中に「神のようなもの」を加えると、仏教は命のない物を拝む偶像崇拝であると知りました。

宗教は英語でレリージョンと言いますが、その意味は「再び結ぶ」で、真の宗教とは神と人との間に正しい唯一の救い主が立ち、人にはできない罪の赦しを救い主の十字架の血によって両者を結んだ、これがキリストであり、その知らせが福音であると分かりました。

「あなたがたが先祖から伝わったむなしい生き方から贖い出されたのは、銀や金のような朽ちる物にはよらず、傷もなく汚れもない子羊のようなキリストの、尊い血によったのです。」(第一ペテロ一・一八―一九)とあり、神の前にすべてが赦され、子どもとされました。

キリストに自分の心を明け渡したときから、神を悟り、自己を知らされ、その上平安な境地（仏教徒はこれを求めている）をいただき、この方によって大きな喜びを得ました。

私の大学入学の目的が真理を知ることでしたので、その目的が達成できたことから、洗礼を受けた年に中退し、献身しました。そして日夜、牧師の下でご指導を受け、開拓伝道に導かれたのです。

11　開拓伝道

私は教会から開拓伝道に遣わされ、一九七八年に名古屋市北区の名鉄上飯田駅前に出、毎週、集会の始まる前にマイクを持って道行く人々に伝道を始めました。

マイクで話していると、一人の酔っ払いが「お前は、何をしゃべっているのか。うるさい…」と怒鳴りながら近づいてきました。

私が「イエス様の救いと教会の案内です」と話すと、ろれつの回らない言葉で「俺はさびしい」と言うのでした。

明くる日、彼のアパートに行ってみると、布団の下から隠してあったナイフを取り出し、「俺は、これがないと怖い」と言い出し、かつての自分の姿を想い起こしました。

ある日、また駅前でマイクを持って集会案内をしていると一人の青年が近づいてきました。また怒鳴られるのかと思いきや、彼は「聖書を学びたい。教会に行きたい」と言うのでした。その青年と聖書による交わりが始まり、やがて彼はイエス・キリストを信じました。これが、開拓伝道の最初の実で、彼は今も県外の教会で信仰生活を続けています。

「これは主のなさったことだ。私たちの目には不思議なことである。」（詩篇一一八・二三）

洗礼を受け、神とともに歩んで四〇年が過ぎ、多くの子孫に囲まれ、平安と希望と喜びの日々を過ごせるのも、罪深い者を憐れんでくださった神の一方的で継続的な恵みです。ただただ神に感謝を申し上げます。そして、ただ一つの罪の赦しと永遠の命の救いを多くの方々に、そして子々孫々にも伝えていきたいと願っています。ハレルヤ、アーメン。

神のなさることはすべて時にかなって美しい

伝道者3:11

仏教からキリストへ

亀谷凌雲
Ryouun Kamegai

1

私は今、ただキリストを信じ、神にのみ仕えて一生身も魂も捧げようと決心したばかりの一人のいと小さいキリスト信者です。キリスト信者といっても、キリストの愛に身も魂も奪われてしまっているというだけで、聖書さえ未だ深く熟読していません。しかし、これから一途に聖書を学びたいとひたすら熱望しています。

さて、私がキリスト信者にどうしてなったかということについて、これから述べてみたいと思います。

私は日本で最も仏教の盛んだと言われている越中富山の一寺院の長男に生まれ、父母と熱心な門信徒[注1]のお陰で、東京大学の哲学科(宗教専攻)を卒業させてもらいました。卒業論文は、寺の生まれとして最も望ましい善導大師[注2]の研究でした。

本当かどうかは知りませんが伝えによれば、私の生まれた寺の先祖は、蓮如上人[注3]が越中に来られた時、子の蓮誓に一寺を建てさせ、その蓮誓が第一代で、私が一八代目に当たるということです。

母は私に、幼少の頃から仏教のために一身を捧げ尽くすようにと始終申していました。私も、蓮如上人や釈迦如来［注４］のような大宗教家となって人類のために、ぜひ働きたいという理想を抱いておりました。しかし高等学校に入ってからだんだんと愚かな罪深い自分の真価がわかって来て非常に悲観し、死にたいと思うようになりました。でも仏教はこういう自分のような者に対して、安心の道を開いてくれるのではないかと思いましたので、それ以来真剣になって信仰の問題に心を寄せるようになりました。

中学時代は仏教の大家の書物なら何でも愛読していましたが、それ以来、ただ信仰に関する書物ばかり読むようになりました。大学に入ってからは、その当時明治の親鸞といわれた近角常観先生の求道学舎に入り、卒業後もそこにいて、仏教信仰のご指導を受けました。近角先生の信仰は強く、私の心に影響を与えました。先生はあくまで信仰徹底主義で、すべての妥協を排して猛進されるのです。四年間も先生の説教を聞きましたが、愚かな私にはどうしても阿弥陀如来［注５］がはっきりわからず、宗教学で学んだ聖書の方が深く心にしみこんできたのでした。

2

昔のクリスチャン達である、バンヤンのような熱心な信仰者、ルーテル、アウグスチヌス、さらにさかのぼってキリストの使徒パウロ、彼らは深く私の心をひきつけました。山室軍平先生のお説教は、私にとってひと言ひと言が金言として聞こえるのでした。バンヤンの『天路歴程』[注6]を読んだときは、一字も残らず私の心に、この世では得られない宝玉と感じ、しかもその宝玉が山ほどあるのを見て、神が私のためにバンヤンに書かせて下さったと思い、神のお恵みの深いことを心から感謝しました。

善導大師の二河白道[注7]のたとえと比べれば、その細をつくし微をうがって、信仰の経路と道程を示したものは、とうていこの『天路歴程』には及びません。私は仏教になぜこのような信仰の道程を書いたものがないのかと悲しみました。

その後、私は北海道の小樽中学校へ教師として行くことになりました。そこでたまたまキリスト教の説教者であった金森通倫先生が北海道へ特別伝道に来られるということを聞き、是非お会いしたいと思いました。私はこの時、宗教的でない商業地である小樽にいて、非常に精神的な渇きを覚えていましたから、僧侶であろうがキリスト信者であろうが、熱烈な信仰者の話が聞きたかったのでした。

3

先生は来て下さいました。北海道の紅葉いっぱいの静かな山奥、信仰の師に私は初めてお目にかかりました。先生は歩きながら私の話をお聞き下さり、親切なお言葉を下さいました。踵をめぐらして帰途につきましたが、お話は尽きません。翌日再びお目にかかり、ありったけの疑問を話しました。先生はこの問題を一つ一つ簡潔に解決して下さいました。

そのとき私はまだキリスト信者になろうなどという気は、ほとんどありませんでしたから、先生より親切なお答えをいただきつつも、阿弥陀の本願は一切衆生のためで、日本だけでなく全世界に念仏を広めたいという希望を述べたほどでした。しかし先生は別れる時、私のために祈ってくださいました。この祈りは、不思議にも私は生まれてから聞いたことのないもので、私に対する無限の同情が含まれ、私の前途に光明と力とを与えるものとなりました。

それからの私は非常な煩悶をするようになり、キリストは自分の心を惹きつけるが、そうかといってこれまでの阿弥陀の教えは、そうたやすく捨てられません。キリストを信じようか、阿弥陀を信じようか、取ったりくずしたり、建てたりこわしたり、迷いに迷い、悩みに悩み、どうしても解決がつきません。いっそのこと両者一体であると主張する一新興宗教を開こうかと思ったこともあります。しかし私の力で宗教を作ろうということは及びもつかないことで、こんな妥協的な寄木細工は信仰的でないことがわかりきっております。早くどちらか一つをとることに決めたいと思いましたが、どちらも優れ、捨てることができません。

そのうち富山中学校の要請から故郷の母校へ転任することになりました。郷里の教育に尽くすために富山に帰りたいというのは、かねてよりの私の念願でした。しかし信仰上の問題が心の中にはげしく起こってきた私は、このままでは学校へ出られないような気がし、ここに一大決心が必要となったのです。

富山に帰ると、私を寺の住職にするという辞令が本山から来ましたが、私ははっきりとクリスチャンになることに決めていました。それなら、どうしてこれまで求道した仏教につかないでキリストにのみ頼ることになったのかと言いますと深い理由がありました。

それは阿弥陀の五劫思惟永劫［注８］の修行というのは詩的表現だけで、歴史的事実ではなく、いくら心に言い聞かせても本当に信じられないのです。うわべは信じたような姿はでき、阿弥陀の本願の話もでき、これまで覚えたことをいくらでも言うことはできても、それが作りごととしか思えず、信じられないのです。

仏教の教えは尊いが、これは釈迦という一人の人間が悟った教えで、阿弥陀の本願は人々を救う方便でしかないからです。

ところがキリストの教えは方便を用いておりません。キリストが世界中の人を救うために十字架の上で死なれた愛は文字通りの事実です。キリストの生き生きした言行を見ますと、これはとても人間の言動ではなく、キリストは神であるという事実がはっきりして来たのです。このように私は確信するに至ったのでした。

4

キリストの愛、その愛の無限に深いことは言葉も心も及びません。私の心は全部キリストに捕えられてしまったのでした。キリストを知れば知るほど、底のない深い真理と生命と力の源にふれ、自分の生きるべき真の道をここに初めて発見するに至りました。それは次のように書いてあります。

「神の召しによって与えられる望みがどのようなものか、聖徒の受け継ぐものがどのように栄光に富んだものか、また、神の全能の力の働きによって私たち信じる者に働く神のすぐれた力がどのように偉大なものであるかを、あなたがたが知ることができますように。」と祈っています。(エペソ一・一八―一九)。

イエス・キリストは神のひとり子でしたが、人として生まれ、全人類の罪の身代わりとして十字架にかかられました。キリストの十字架の死は、私の罪を贖って下さるためであることを信じるだけで、私は永遠の生命、即ち一度は死んでも主の再臨の時に復活し、天国で神とともに永久に住むことのできる栄光ある生命を、現に今持つ者とされたのです。

遠い一万億仏土を越えた、西方の浄土を望むより、その昔、私たちと同じに生き、同じに悲哀と苦痛のどん底を、最低の十字架の上で死を味わった救いは実に確実なのです。それを次の聖書の言葉で知ることができました。

「さて、過越の祭り(ユダヤ人の祭)の前に、この世を去って父のみもとに行くべき自分の時が来たことを知られたので、世にいる自分のものを愛されたイエスは、その愛を残すところなく示された。」(ヨハネの福音書一三・一)

「『キリスト・イエスは、罪人を救うためにこの世に来られた。』ということばは、まことであり、そのまま受け入れるに値するものです。」(第一テモテ一・一五)

仏教は人間の知恵ですが、キリストは天の神よりの光であり福音の源です。私は今、これを心から信じ、遂にクリスチャンになることに決定したのです。私は、身も心も投じて一生涯働ける有意義な仕事を得たいと思っていましたが、それをキリストの福音伝道の中に見出したのでした。

この決心をしてから、直ちにやってくる大問題は従来の事情、関係、ゆきがかりから絶縁しなければならないことでした。これは容易なことではありません。これまで寺や私の為に尽くしてくれた門信徒達や恩人、先輩、友人達は何と見るでしょう。その中でも母のことが一番心配です。母はクリスチャンになるのを許さないのみか、祖先に対して済まない、世間に対して申し訳が立たない、と言って非常に悩み苦しむでしょう。

5

私は実に不幸の子であります。いかに信仰のためとはいえ、母に心配をかけたくありません。キリストの教えは人に心配させる教えではなく、弱い人を思いやる教えです。母はかねてから、キリストのことは読書によって充分理解していましたから、やがて神の限りない愛に包まれ、信仰を持つであろうと信じ、すべて神におまかせすることを決心いたしました。

キリストは「我に従え」と言われました。わが愛する諸兄姉、いつまでも方便の教えに止まることなく、願わくば決心してキリストを信じ、永遠の生命を得、人生の真の目的を知られ、絶大なる祝福をキリストより得ていただくことを祈ってやみません。

扉は開かれた

—私の回心記—

笈川光晴
Mituharu Oikawa

1

仏教僧侶であった私が、なぜキリスト信者になったのか？

このことについて、私のこの小さな一文に比較宗教的な話を期待される方がありましたら、おそらく失望されると思います。私がキリストを信じたのは二つのものを比較してのことではありません。

私が自分自身に全く絶望したとき、その魂を救いに導いてくれたのは、意外にも一五年も求道精進［注9］を続けた仏教ではなく、聖書からでした。

当時の私は、約八〇〇戸の信徒を持つ四つの教区の責任布教師で、説教台から仏法を説き、老若信徒の身の上相談までし、人生の大道師を気どっていましたが、さて自分の身の現実として、人と人との愛憎の葛藤の激流に直面したとき、全くなす術を知らず、あまりにも無力な自分に絶望せざるを得ませんでした。

それはこの私自身が地獄にほかならず、来る日も来る日もその責め苦の中で、ただ許されることのない死をのみ願っていました。本堂で固く目を閉じ、首を振り振り無心に読経唱題している信徒に恥かしく、彼らを羨ましくさえ思うようになりました。

この教区には、信徒の子弟によって組織された有力な青年会があり、毎月経典の研究会が開かれていました。ある時、信徒会員の希望によって私は「キリストと釈迦の教えとの比較」を講ずることになり、書店で買ってきた聖書と四〜五冊の註解書が毎晩、私の机の上に開かれていました。あたかも透明な建築を見るかのような、精密極まる仏教教学に固められた私の頭脳が、聖書のみことばを真実理解し得るはずがありません。今思い返してみても恥かしい限りで、とにかく私の全く自分勝手な講義をし、その研究会が終わりました。

ところが、どうしたことでしょう。私はいつの間にか聖書を手離すことのできなくなっている自分を発見し、恐れたのでした。仏典を研究し、説教の原稿を書き、折にふれ、心のどこかの片隅で聖書の言葉がちらつくのです。だんだんと聖書に魅せられていく自分の心を、仏に対する信仰の足りなさと自戒し、いっそ聖書を捨ててしまおうとさえ思ったことは、一度や二度ではありませんでした。

しかし、どうしてもその気味悪い異教の経典である「聖書」を捨て去ることができなかったのです。その紺クロース表紙で赤縁の聖書は、今も私のデスクの上にあります。

ある年の冬、病床に伏すようになりました。東京近郊の自宅に帰り、数週間静養していたとき、ラジオ放送の中で賛美歌の歌声を聴いたのでした。

いつくしみ深き友なるイエスは　罪とがうれいを取り去り給う
こころのなげきを包まずのべて　などかはおろさぬ負える重荷を

さらに創世記のドラマや、次のような聖書の朗読が流れていたのも聴きました。

「神は、実に、そのひとり子をお与えになったほどに、世を愛された。それは御子を信じる者が、ひとりとして滅びることなく、永遠のいのちを持つためである。神が御子を世に遣わされたのは、世をさばくためではなく、御子によって世が救われるためである。」（ヨハネの福音書三・一六—一八）

それは伝道放送で、私は聴きながらなぜか涙ぐんでいました。私にとって、それからというものは枕辺の聖書と共に、日曜日の一二時三〇分の伝道放送は気味の悪い存在となりました。しかし、その時間がくるとラジオのスイッチを入れずにはおられない気持ちになりました。キリストは恐ろしい力で、私に迫りつつありました。

一方で、仏教教団内部の腐敗や人間愛憎の嵐に疲れ、傷つきつつも、私の意志はなお仏陀に向かっていました。病が直って教区に帰り、動揺し、よろめき続ける私は、仏道修行に叱咤激励していきました。泣きつつ唱題読経を絶叫し、夜を明かしたこともどれだけあったでしょうか。そのような努力にもかかわらず、私の魂は聖書に、ラジオから流れる賛美歌に、飢えた者のように慕い求めていました。

大風の中から神がヨブに呼びかけられたように、主イエスは、私に「来なさい！」と呼びかけてくださいました。自らの意志に反して思わず「しかり、アーメン！」と叫んでしまう自分の何という歯がゆさ。一〇年間、自ら築きつつあった私の浄土は、キリストの福音の前にガラガラと音を立てて崩れてしまったのでした。

罪のない神ご自身が、この罪深い私の代わりに十字架の上で死んでくださったという事実、何の努力や修行も無い私がこの方を信じるとき、既に救われているというその福音のすばらしさ、その証しが次のように書かれてありました。

「神は、罪を知らない方を、私たちの代わりに罪とされました。それは、私たちが、この方にあって、神の義となるためです。」（第二コリント五・二一）

歯がしみつつ、身もだえしつつ、私は自らの意志ではなく、キリストにずるずると引きずられて行きました。拒否しようとしても拒否できない力が私をしっかりと捕えたのでした。そして私自身、自分に死に、気が付いたときはキリストの御手の中で生きていました。

私の眼からはウロコが落ち、気味悪かった聖書や賛美歌が、実は私自身の罪の深さであることを悟ったのでした。扉は開かれました。

主キリストが、私とともに十字架を負って歩んでくださる。私のかたくなな魂はこまかく砕かれ、十字架の前に魂も臓腑もつかみ出したいほどの悔い改めをし、十数年間持ちなれた仏の念珠を切ったのでした。

2

ふり返れば、私が念珠を手にしたのは昭和二年四月一二日、まだ五歳の時でした。それは私を誰よりも可愛がってくれた祖父の通夜の晩でした。紋付きの羽織、袴を着せられ、念珠を手にし、冷たい階段の羽目板に顔を押し当て、ひとり泣いた夜を今でも昨日のように思い出すことができます。

「お爺ちゃんは、どうして死んだのだろう」

幼い小さな魂に、悲しみとともに刻みつけられた人間の生命の不思議さに、母は答えてはくれませんでした。間もなく父の死、鎌倉では句友の死、出征した友の死、空襲のための親戚や幼友達の死。

このようにして私は家の宗教であった仏門に入り、墨染めの法衣を着け、有縁無縁の多くの人々の死を枕経［注10］をあげつつ見送りました。やがて最も親しくしていた法兄の鉄道自殺。右に左に、前に後に、私の魂は人間の死という現実に少しのひまもなく揺さぶり続けられました。

人間とは何か、どこから来てどこへ行くのだろうか。深遠なる謎、そしてこの謎を解く鍵はないものであろうか。

「人間が人間を知りたいと思う心は、人間として誰しもが持つホームシックだ。だから人間のホームシックは、人間がその本来の故郷へ帰るまでは癒されない。」

『青い花』の詩人ノヴァーリス［注11］はこう言っています。どんな人でも、生まれ故郷を慕う心を持たない人はいません。しかし生まれ故郷以上に、魂の故郷を憧れる気持ちこそ人間誰もが持つ潜在的ホームシックではないでしょうか。

その魂の故郷こそが神のみ胸、即ち罪にかすんで見えなかった心に、神の存在を意識する心となりました。パラダイスを迷い出たアダムとエバの惨めな姿は、決して遠い国の遠い昔の物語ではなく、アダムはこの私でした。

パラダイスをさまよい出た私は、荒寂たる砂漠の中で途方にくれ、神から遠く隔てられたその距離を埋めるものとして、私は仏の道を求めました。

仏教では、人間の一刹那の心の動きを三千もの世界[注12]に区別して説き、天地法界ことごとくを掌に乗せて見せる釈迦の教え、そこに展開される大曼荼羅[注13]の世界は、荘厳を極めて美しいものでした。しかしその表現はいかに美しく精密であっても、ファウストの言い草ではありませんが、「惜しいことに、見ものたるに過ぎぬ」でした。

いかに味わい深い考えでも、ごく一部の人々のもてあそぶ物になっているのでは無に等しい。また、いかにわかりやすく大衆化されたからと言っても、今日の多くの仏教教団の現状のように、葬式や年忌法要[注14]だけを仕事とする単なる儀式宗教になり下がり、金儲けや、病気癒しばかりを説く偶像崇拝のご利益信仰に憂き身をやつしていたのでは、魂の救済のできないことは当然です。

もし親鸞や道元[注15]が、このキリストの福音に接したなら、恐らく驚き喜んでみ前にひざまずき、一万一九七〇巻の大蔵経[注16]も、菩薩の偶像もほうり出して念珠を切り捨てるでしょう。

私は今、聖書により「私は罪人です」ということができます。しかし仏教が奥深い滅罪観を展開できても、この罪人である私を贖ってくれるという約束や保証はどこにもありません。仏教にはこの贖罪[注17]の血に彩られた十字架が無いということは、すべてが無に等しい。しかし旧新約聖書六六巻は、私の贖い主イエス・キリストの確実な救いについての記事ですっかり埋め尽くされているのです。

仏教僧侶であった私が、なぜキリストに来たのか?

今、改めて考えてみてもわかりません。それは私自身の力ではなく、神ご自身の聖霊によるお導きであるとしか考えられないのです。それは、「神の御霊に導かれる人は、だれでも神の子どもです。」(ローマ八・一四)とある聖書の言葉の通りです。

私は洗礼を受けました。人類の始祖アダムのとき以来、魂の故郷を見失って苦しくもだえ、よろめき続けて来た私は、聖霊に導かれ、今ここに真実の故郷の道を一歩一歩、希望に満ちて歩み続けています。

仏教より キリストへ

大堀善諦
Zentei Ohhori

1

わが国は仏救国で、仏教は祖先以来の伝統的宗教として、日本に生まれ育った私たちにとってはなじみ深いものです。

私は東北のある小都市に生まれ、先祖より浄土教系の門信徒でありました。世間一般の方々が各自の家の宗教をよく知らないのと同様に、私も二〇歳の頃までは、仏教とは何か、わが家の宗派とは何かを、全然知りませんでした。ところが敗戦後、私の心に宗教を求める欲求が起こり、東洋の精神の母体といわれている仏教について研究したいと思い、ついに浄土門の寺院に入門しました。そこで仏教学や浄土教学を修め、住職の資格も与えられ、住職が予定されていましたが、なお一層の研究をしたいとの望みから京都で勉学することになりました。

2

この間、浄土門こそが仏道の実践上、他の宗派に比類のない優れた法門であることを確信しました。仏教の目的は仏になることで、仏の悟りを開くことによって、この世から解脱(悟ること)することは各宗とも異論はありませんが、悟りを開く具体的方法が各宗派で異なっていいます。これらは仏法の理屈から言えば理論上は可能ですが、それが私たちにとって実際に可能かどうかということが問題点です。

昔から多くの方が熱心に修行し研究もし、ある少数の高僧達は悟りを理解し、体得されたことでしょう。しかし一般の凡俗にとっては、なかなか難しく、達することもできず、狭き門です。私自身もこの問題についての理性と本能の戦いは、惨めなものでした。仏教では自我によって起こるいろいろな欲求をすべて煩悩と言い、理性では成仏は絶対の真理だと思うのですが、いくら打ち消しても殆ど限りなく煩悩は湧き起こってくるのです。その中で私にとって最大の欲求は、永遠の生命への欲求でした。聖書にも次のように書いてあります。「神はまた、人の心に永遠への思いを与えられた。」(伝道者三・一一)と。

仏教的な立場から言えば、個人が永遠の生命を欲することは許されず、すべての人が仏となった時、永遠の生命が可能となるのです。私もそれに沿って努力してみましたが、血みどろの戦いをくり返すだけでした。

3

特に僧職にあった私は、死者の枕もとで経をあげ、葬式法事にたずさわるたび、人生の無常を人一倍味わわされ、できれば死ぬことのない自分の生命というものを強く欲求するようになりました。

しかし、この態度は仏教的立場からすれば、まさに煩悩そのものなのです。ああ人間の終わりはどうして死なのでしょうか。どうして死ぬことのない生命が、人間には与えられなかったのでしょうか。このことについて、解決を仏教に果たし得なかった私は、前より興味を持っていた聖書に、どのように書いてあるかを探したのでした。

ついに聖書の中から、肉体の復活という奇蹟を見出したのです。

「イエスは言われた。『わたしは、よみがえりです。いのちです。わたしを信じる者は、死んでも生きるのです。また、生きていてわたしを信じる者は、決して死ぬことがありません。このことを信じますか。』

彼女(マルタ)はイエスに言った。『はい。主よ。私は、あなたが世に来られる神の子キリストである、と信じております。』」(ヨハネの福音書一一・二五—四四)

主イエスとマルタとの会話を読み、イエスは、死んだラザロに対し、「ラザロよ。出てきなさい。」と大声で叫び、ラザロを墓から生き返らせたのです。

ああ、肉体の復活、何という深い、深い真理でありましょう。さらに、「ラッパが鳴ると、死者は朽ちないものによみがえり、私たちは変えられるのです。」(第一コリント一五・五二)ともありました。

神はすべての人に永遠の生命を与えようとして、ひとり子イエス・キリストを十字架上につけ、この私の身代わりに罪を負わせて裁かれたのでした。私が神に願う前に、神は人間の救いをイエス・キリストの十字架と復活によって開かれたのです。

何と素晴らしい救い、良きおとずれでしょう。肉体の復活！　永遠の生命の賦与！それは私だけではなく、ありとあらゆる信じる者に与えられるのです。何と広き神の愛でしょう。こうして私は、多年の懐かしい仏教僧侶の生活をかなぐり捨て、意を決しキリスト者に転向したのでした。次の聖書の言葉も私の心を変えました。

「わたしは彼らに永遠の命を与えます。彼らは決して滅びることがなく、また、だれもわたしの手から彼らを奪い去るようなことはありません。」

(ヨハネの福音書一〇・二八)

ここに浅学非才をも省みず、道友会のお勧めにより証しをさせていただきました。このささやかな証しが多くの方々にキリストを知っていただく一文でありますよう、祈りつつ筆を置きます。

仏僧より牧師へ

道籏泰誠
Taisei Michihata

1

私は、大阪府河内国東条村、融通念仏宗［注18］良法寺の次男として生まれ、六歳で得度［注19］を受けて僧侶となりました。一三歳で同宗極楽寺の後住職として養子嗣となり、継母のため毒殺されるところをまぬがれました。このような深刻な家庭事情から、真剣に信仰を求め、仏教書を多く読破し、特に浄土三部経［注20］を二七回も読みました。一六歳で同宗勧学林大学部に学び、二二歳で住職の資格を得ました。

2

さて住職の資格は得ましたが、法事においては、なお二つの修行をしなければなりません。その一つは真言密教の護摩［注21］をたいて祈祷するものです。これは私の法縁の叔父でありますす河内大全寺の夏野泰通僧正より伝授を受け、祈願成就しようとしたものでした。それは摩利支天［注22］の仏像の前に護摩壇を飾り、護摩炉の中に一尺位の割木を燃やし、五穀や食油の香ばしい匂いを仏像に供養するものです。この護摩壇の上には白いご幣が吊してあり、下から燃え上がる炎が赤い舌でペロペロなめても一向に燃えそうもありません。迷信家は仏のご利益のように思ったようですが、実はご幣の紙にはコンニャク玉の汁を引きのばし、燃えないように仕掛けがしてあるものでした。真言密教の法とは多くこの類なのです。

さて、私が修行していた祈祷法はなまやさしいものではなく、実に苦行に属するものでした。そのひとつに頭香という頭の上に灰を盛り、そこに火を入れて香を焚くというもので、とても熱いのです。

また手燈というのは、左の手に種油を注ぎ、燈芯を入れて火を燃やすので、もちろん皮膚は焼けただれてしまいます。こうして右の手で鈴を振り、これを拍子に読経するのですから、私は余りの熱さに何度も、頭香も手燈も投げ捨ててしまったのでした。

さて、この苦行祈祷は一〇〇日間の予定でしたが、こうした修行を約九〇日、一心不乱に続けたある朝、寺男が血相を変えて知らせに来たのでした。

「大変です。経堂に盗人が入りました！」

これを聞いた僧正も私も大いに驚き、行って見ると、ロウソク立ても線香立ても花立ても、一切の金物はことごとく盗み去られていたのです。これを見た僧正(僧職の最上級の官位)は大変怒り、祭壇に駈け上がるなり、ハッタと摩利支天の偶像をにらんで言いました。

「おまえのような偶像は盗人の番すらできないのだから、今日から遠島申しつける！」と、足で蹴ったので、偶像はガラガラと祭壇の下へ砕け散っていきました。僧正は寺男を呼び、「この偶像を下を流れる別井川へ遠島申しつける。流してこい」と命じたのでした。

寺男は恐る恐る別井川へ流しに行き、その日限りで苦行祈祷をやめてしまった僧正は、アハハ、アハハと笑っていたのでした。しかし私のほうはまじめで、偶像に対する一縷の望みを持っていましたから、仏罰が当たらないかと注意していました。ところが僧正の身体には何の異状も起こらなかったのです。それもそのはず、仏像美術の研究をすれば、偶像を祀ることは釈迦の教えではないことがわかったのです。聖書にも次のようにあります。「偶像を造る者はみな、むなしい。彼らの慕うものは何の役にも立たない。・・・・」（イザヤ四四・九）と。

3

さて釈迦の教えとは「無我」といって何をも拝まず、自分を仏陀とする教えです。日本ではこれをホトケと呼び、ホトケとはホドケル、即ち欲望（煩悩）をほどいた人、言いかえれば解脱した人のことを言います。それには坐禅をして心を静め、自分の罪をホドクのであり、現代の日本では坐禅をして悟りを開いた人は一人もいません。

次に菩薩（菩提薩埵の略）とはインド語のボーディサットヴァがなまったもので、道を求める人の意味、その道を求めて苦悩を解決した人が釈迦でありホトケです。

釈迦が死んだ後、紀元後、インドの北部インダス河上流地方で、ギリシャの神々の像を模倣して初めて仏像が造られました。ギリシャの偶像崇拝はまことに盛んで聖書にもこう書かれています。

「さて、アテネ（ギリシャ）でふたりを待っていたパウロは、町が偶像でいっぱいなのを見て、心に憤りを感じた。」（使徒一七・一六）と。

インドの北部で造られた仏像彫刻をギリシャ式、あるいはガンダーラ式仏像と名付け、現代に至って発掘されたものは、東京美術館と京都大学考古学室に保存されています。その彫刻を見れば、寒い地方の風俗そのもので、服は厚ラシャ、髪の毛は結髪（長い）、石の台座に乗っています。

ところがこの仏像が、後にインド内地、即ち熱帯地方へ移るとガラリと様式が変わっていきました。このことからいかに仏像が人の手の技であるか、人間以上のものではない偶像そのものかが、はっきりするのです。

今、日本に残っている仏像はこの頃に入ってきたもので、奈良や鎌倉の大仏のように頭髪はちぢれ、薄い衣になり左の肩だけ被った半裸体で、両足は坐禅をくみ、半眼を開いて瞑想し、蓮の花に乗っています。いわゆる蓮台で蓮は水の中の植物ですから、いかに人々が涼を求めていたかの表れです(この半眼を開いたところを見ると、仏教は、拝む宗教ではなく瞑想するものだということもわかります)。

この蓮の花は、昔はエジプトのナイル河に実際に咲いており、直径三メートルもありましたが、現在は南アメリカのアマゾン河に、大鬼蓮として名残を止めているのみです。

西方極楽浄土にしても、大陸に沈んでいく太陽は実に大きな金色の光を投げかけるので、人々はその方向にあこがれを待ち、西方の世界はさぞ楽しみ極まる所であろうという思いから生じたもので、現在は極楽浄土はないということがはっきりしています(観音は観念の擬人化、地蔵は土から宝が出るとの迷信化、摩利支天はかげろう、大日如来は光の擬人化です。前著者註)。

4

さて話は前に戻り、泰通僧正はどうして仏像を足で蹴ったのでしょうか。平安時代に多くの仏像が造られましたが、仏像に供える花をどちらに向けるかという問題が起きました。本来、仏像に供えるものであれば像に向けるべきであるのに、人間のほうに向けて供えてあります。これに対する結論は、「仏像は死んだものであり、人間は生き仏であるから人間のほうに向けるのが当然だ」ということになったのです。

これは仏教の高僧たちが、仏像は死仏、即ち偶像だと認めていることになります。そこで叔父の泰通僧正は、摩利支天像を死仏として扱ったのです。

この他、釈迦の説いた教えは、一切は苦、永遠に存在するものはない無我、万物は変化する無常、平安な涅槃の境地が中心思想でしたが、現在行なわれている日本の多くの仏教諸派の主張や形式は、釈迦の死後多くの僧侶達が勝手に付け加えたものばかりです。

5

さてこのように仏教の内情がわかったものの、坐禅を組むのが好きな私は、河内の金剛山頂や、石川堤へ行っては坐禅し瞑想しました。禅の根本は、土も木も水も空気も虫も魚も犬も猫も、みな仏となる考え方で、私はこれに満足できなかったのです。

ところが日露戦争の終わった翌年、仏教のある社会事業を手伝ってくれるように頼まれ、大阪市に出張して大いに奔走しました。ある日、法衣を着けずに行ったとき、路傍伝道隊に導かれ、キリスト教会で説教を聞いたのでした。

その年の秋、大阪箕面公園に紅葉狩りに行き、アメリカの宣教師バアホン夫妻に面会しました。帰る車中で私は酒くさい息でいろいろな議論を戦わせましたが、バアホン宣教師はいっこうに怒らず、熱心に福音(キリストが神の国へと招く教え)を説いてくれました。そこで新約聖書を求め、寺へ持って帰り、初めから終わりまで数回読んでみました。次第にキリストの教えにひかれていきました。

キリスト教の愛は、ギリシャ語でアガペーという神の無償の愛で、信じる者は神の愛にまで引き上げられ、兄弟を愛し、進んで犠牲を借しまぬ愛となり、幼少のときに苦しめられたようないじめもなくなることを悟りました。

6

こうしてキリストの教えはよく分かるようになりました。しかし寺を出るところまでに至らず、朝晩鐘を叩いて修行しつつ自分の部屋へ帰っては、主を賛美し、イエスの御名によって祈っていました。

遂に五月二五日、亡父泰信和尚の命日を迎えるにあたり、ざんげし、瞑想し、「真理は聖書以外にない」と、決心して立ち上がったのでした。

ルカの福音書一五章の迷える羊は、とりもなおさずこの私であり、羊のように迷い、飢え渇き、苦しんでいる私に、十字架の上で血を流し私の罪の贖いとなり、私の所まで私を捜すために茨をかきわけて来て下さった神の御子イエス・キリストの愛がわかったとき、私は感謝の涙にあふれ、しばらく泣き崩れたのでした。そして、その中から「ああ我、救われたり！」と立ち上がったのでした。

救われたと同時に、あんなに好きであった酒をやめることができ、永遠の生命を与えられたのですから、死後は地獄に落ちることもなく、栄光の御国へ召されるのです。ああ、その嬉しさよ。

「あなたがたはイエス・キリストを見たことはないけれども愛しており、いま見てはいないけれども信じており、ことばに尽くすことのできない、栄えに満ちた喜びにおどっています。これは、信仰の結果である、たましいの救いを得ているからです。」

（第一ペテロ一・八―九）

洗礼を受けたと同時に、金らんどんすの袈裟の衣服を脱ぎ捨て、神学校に入学し、その日から伝道したのでした。

亀谷凌雲氏

（元浄土真宗僧侶）富山市西新庄正願寺に長男として生まれ、厳しい父の死後より氏の後任の就任までの七年間、同寺の住職となった。大正六年六月二〇日入信、同九月二三日洗礼を受け、同七年近江兄弟社の聖書学校へ、翌年東京神学社で学んだ。

笈川光晴氏

（元日蓮宗僧侶）一九五四年六月に洗礼を受けた。

大堀善諦氏

（元浄土真宗僧侶）若松市、北海道、大阪、京都の真宗寺院に勤務したことがある。一九五四年九月五日洗礼を受けた。

道籏泰誠氏

（元融通念仏宗僧侶）大阪府河内国東条村良法寺に生まれ、六歳の時得度する。一六歳にて同宗勧学林大学に入学し、二二歳の時住職の資格を得た。明治四二年二月洗礼を受けた。

注

1　門信徒…門徒とも言い、師の教えを受ける一門の仲間の信徒で、特に浄土真宗の本願寺教団一門の信徒を門徒宗と呼んだ。

2　善導大師《ぜんどうだいし》（六一三―六八一）…中国唐代の浄土教指導僧。長安で活躍。

3　蓮如上人《れんにょしょうにん》（一四一五―一四九九）…室町時代に浄土真宗を強大にした指導者。石山本願寺を建立。

4　釈迦如来《しゃかにょらい》…インド、ヒマラヤ南麓のカピラ城、釈迦族の浄飯王と母マーヤーとの長子。紀元前六～五世紀の人。姓はゴータマ、名はシッダールタ。二九歳で生老病死の四苦から脱するために宮殿を出て苦行する。三五歳で苦からの解決を得、その教えを説く。悟った教えを仏法と言う。八〇歳まで法を説き、クシナガラで死去。死を入滅・涅槃《ねはん》とも言い、一切苦や煩悩を滅したことの意味。仏陀とは自力で悟った者の意味に対し、如来とは、向こうから来たとの意味で、苦しむ者の救いのために迷いの現世に来て法を説く者のこと。

5　阿弥陀如来《あみだにょらい》…阿弥陀とは、永遠の命（無量寿、インド語でアミターユス）や永遠の光（無量光、インド語でアミターバー）の意味があり、西方に極楽浄土を開いたとされる教主。昔、世自在王の時、法蔵菩薩が四八の願いを実践して阿弥陀としての仏・如来になり西方に浄土仏国土を開いて迎えようとする浄土三部経典の教え。実際は歴史上の人物ではなく、西方にも浄土はなく、架空の物語を釈迦が説いたと伝えられている。新約聖書のヨハネ福音書に何度も出るイエス自身の「わたしは永遠の命、世界の光」と似ており、浄土思想はこの新約聖書から影響されたという者もいる。

6　天路歴程…一六七八年と八四年に刊行。滅亡の町に住むキリスト信者の男女が、様々な苦難や誘惑を経験して天国の都に住むという英国人バンヤン（一六二八―一六八八）の信仰小説。

7　二河白道《にがびゃくどう》…善導が説いた例えで、恐ろしい火と水の二つの河に挟まれた細くて白い道が浄土への道。火の河は人間の怒り、水の河は人間の貪りで、両者は悪の道。その火と水の間の白い道こそ清い信仰者のたどる道に例えた話。善導著「観経疏散善義」による。新約聖書の「狭い門からはいりなさい。滅びに至る門は大きく、その道は広いからです。そして、そこからはいって行く者が多いのです。」(マタイの福音書七・一三)に似ている。

8 五劫思惟永劫…阿弥陀が法蔵菩薩のとき、人間の救いのために願をたて、その成就として極めて長い時間(これを五劫永劫という)、心を集中させて仏として完成させたことを言う。

9 求道精進《ぐどうしょうじん》…ひたすら仏道修行に励むこと。

10 枕経…通夜や納棺の時、死者の枕もとでする読経のこと。

11 『青い花』の詩人ノヴァーリス(一七七二―一八〇一)…ドイツの詩人で「夜の讃歌」がある。青い花は、主人公が夢に見た花。現実には到達しえない理想への憧れの象徴。

12 三千もの世界…刹那とは、インド語で時間のもっとも短い単位、瞬間を指す言葉。三千もの世界とは、十億小世界のけたはずれた大きな世界を言い、一仏が教化する範囲のこと。

13 蔓荼羅《まんだら》…曼荼羅とは、仏の悟りを中心に菩薩や神々の世界を図像や文字などで象徴的に描いたもの。特に密教のものが多く、他に浄土の有様を描いた浄土曼荼羅や日蓮系の法華経題目曼荼羅もある。

14 年忌法要…死んだ日の命日に行う仏事・法事のこと。

15 親鸞、道元…親鸞(一一七三―一二六二)は、浄土真宗の開祖で越後に流罪され、阿弥陀信仰に生きた鎌倉時代の人。忠信尼と結婚し阿弥陀信仰を広め、『教行信証』ほかの著書がある。道元(一二〇〇―一二五三)は、禅の曹洞宗の開祖で中国の宋に行き、禅の法を受け、日本に広める。福井県に根本道場の永平寺を開いた。『正法眼蔵』ほかの著書がある。

16 ―大蔵経…仏教の全ての経典・法律・論書やそれらの注釈書の全てをおさめたもの。

17 ―贖罪《しょくざい》…犠牲や金銭の代価を差し出し、売られたものを買い取り自分のものにすること。聖書には、神から離れた人間は、自分自身で聖なる神の前に立てない罪人と教え、神の御子キリスト・イエスが人となり、十字架の死(血)の代価で罪の裁きを身代わりに受け、それによって人の罪を赦し、神との和解を成し遂げた。人はキリストへの信仰によって罪から解放され、神の子にされるという重要な教え。

18 ―融通念仏宗…日本の浄土教の一宗。一一七年に良忍(一〇七二―一一三二)が開祖で、一人の念仏が万人の念仏と融通しあって救われると説き、他者との連帯を重視する教え。

19 ―得度…家を出て剃髪し、悟りを得るために仏門修行に入ること。

20 ―浄土三部経…浄土での往生を説く三部の経典。『無量寿経』『観無量寿経』『阿弥陀経』を言う。

21 ―護摩…護摩とはインド語のホーマを漢訳したもので、本尊に護摩壇を作り、木片に病気平癒や煩悩、災いを取り除くために祈願の趣旨を書いて焼く修法を言う。

22 ―摩利支天…インド語でマリーシを漢訳し、インドで日月の光や陽炎《かげろう》を神格化したもので猪に乗る天女像でも表現され、災いを取り除いて利益を与えるヒンズー教の神の一つ。日本では武士の守り本尊とされたこともある。

仏教とキリスト教の違い

仏教とキリスト教の中心的な教えを記しました。（拙著『比較宗教学』より）

経典についての違い

仏教	キリスト教
釈迦の教えをインドの南の地域に伝えた経典を南伝大蔵経と言い、インドの北の地域で作られた経典を大乗教典と言う。南伝の教主は釈迦で、大乗経典の教主は阿弥陀仏や大日如来など、多く作られた。 経は多くあり八万四千の法門と言う。釈迦の直接の教えとは異なる諸経典が作られ、鎌倉仏教の親鸞、日蓮、道元などの宗派もできる結果となった。	聖書は旧約と新約に分けられ、旧約は天地万物の創造、人間の起源と堕落、裁き、律法・預言・詩、救い主の預言があり、新約は人間の救い主イエスが旧約の預言を成就するため来たことを伝える。 聖書は神の言葉として最初の創世記から最後の黙示録まで内容も一貫し、唯一の神の名も変わらず、教えも、救いも統一し、神の霊感による啓示と教える。

仏とは悟った者で、人間の苦悩の原因と解決を得た者を言い、あくまでも人間である。それを普通の人が理解できない解決を考案したから崇められ、拝まれるようになった。また釈迦が悟る背景には釈迦が生まれる前世での釈迦の修行の結果であると考えたことから多くの仏が作られ輪廻転生の考えから、架空の仏がアフガン北部でギリシャ風の仏ができた。阿弥陀如来が有名である。仏とは修行して悟った者の意。如来とは、真理の世界から来た者の意味である。

神についての違い

聖書に啓示された神は、父・子・聖霊の三人格者で、本質が一つ、唯一の神。神の名はヤハウェと表現され「ある」方。「ある」とは永遠に存在される意味。「アルファ（初め）でありオメガ（終わり）」と表現される。エロヒームの名もあり、力を意味する。イエスとは神は救い主の意味。

神は、人を創造されたゆえに、人を愛しご自身を現わし、最終的に子であるキリストによって神と救いとすべてを示した。「私を見たものは父を見た」「父と私は一つ」と宣言された。

人間についての違い

インド人の人間観は、前世や来世など、六道(地獄、餓鬼、畜生、修羅、人、天)の輪廻に転生すると考える説に基づく。

インド語では人間をマヌシャと言い、マナス(考えるの意味)から来ている。

仏教では人は、苦悩を持つ者として生まれ、苦悩から脱出(解脱、解放)する者が覚った者で、輪廻の支配から解放されると教える。神々も輪廻すると教えるから仏しか崇拝対象はない。しかし仏も人間であるゆえに偶像崇拝である。

聖書の人間は、全知全能なる創造主に似せて最高の者として造られた傑作品。それゆえ人間の心には、動物とは違い、神を思う心、愛する心、清さを求める心、祈る心、罪を悔い改める心などが証拠と言える。動物には宗教心がないのも特徴。

聖書は輪廻転生説を教えない。人間は人間であり、努力し善行しても神にはならない。神になることは悪魔の誘惑。しかし神が人となり、死から復活したキリストが永遠の命と救いの道を示した。

救いについての違い

人間は輪廻して人間として生まれ、煩悩と苦を持つ者。四苦八苦の苦悩から救うのは、南伝仏教では、修行して仏となった釈迦仏の教えに生きる修行者。北伝仏教では、自己の修行ではなく、苦悩する者の代わりに悟りを開き、仏国土で帰依する者を迎える阿弥陀仏や大日如来などの教主が、太陽信仰の影響で架空の仏として作られた。

人間は創造主に対して罪を犯し、堕落して罪と死と裁きを受ける者。救いは人の内にはなく、神の御子イエスが人となって来られ、神の義と愛を現わし、罪の罰を身代わりに受けて贖罪が完了した。救いを始めたイエス・キリストを救い主と信ずる者が神の義と愛を受け、神の子にされる。聖霊の働きによって人は神に似るものとされ、神の栄光を現わす。

生き方の違い（生き方は、教えが違うと、心の持ち方も生活も違ってくる）

唯一で天地万物の創造主である神の存在と、神が教える十戒の第一戒、第二戒がないゆえに、偉大な者たちを仏と拝んだり、見

造られ、救われた人間は、命を与えた救い主である神とキリストを崇め、賛美と感謝を捧げて生きる。ここに真の礼拝が行われ

える物・見えない物をも神と拝む多神教で、何にでも合掌する。死後の世界も啓示されていないゆえに、死後を恐れて修行に励んだり、偉大な架空の仏に帰依する。石像や木像には命がないゆえに不安が残り、祈りもなく、仏の名や題目を繰り返し何度も唱えるのが特徴。

る。神を天の父と崇める。父の子はすべての財産を相続するゆえに、祈りを捧げて必要なものは与えられ、平安にされ栄光の姿に変えられ、天国も用意されている。キリスト者はキリストにあって生きる。偶像は作らず、拝まない。聖霊によって祈りができ、聞かれる。

死者儀礼について

日本は七〇〇年頃まで土葬で、それ以降、火葬が始まった。火葬の意味は、煙とともに天に帰る魂と、地に下る魂があり、修行の如何によって分けられる輪廻説に基づく。焼香や線香は宗教儀礼で偶像崇拝である。腐臭消しの意味もある。

聖書の教える死は、「人は土から来たゆえに土に帰り、魂は神に帰る」とあり、神の御手にゆだねる。拝まれる方は死者ではなく、万物の創造主である神である。墓を作るのは記念で、崇拝対象ではない。

戒名も法名もないが、キリストを信じた

釈迦の骨は分骨され、塔を作って拝んだ。これに倣い、仏教徒の骨・舎利を卒塔婆や五輪塔、五重塔などに奉納した。

現在、死者には戒名か法名の「院号」を書き、位牌を先祖仏として拝む。本来位牌は仏に帰依し、寺院に貢献した者に与えられた。それが江戸時代の檀家制度の名残で葬式仏教として定着した。寺院と無関係な者が死者を弔う場合、お金でなされることに無知であることから金銭問題が起きていった。

者は、神の前に憶えられ、命の書に名前が書き記されている、と教えている。信じない者も天のその他の書物に名前が記されている。地上で名を残すのでなく天にある命の書に名を記される者となるよう、聖書は勧めている。黙示二〇・一二、ルカ一〇・二〇。

キリスト信者は焼香をせず、位牌を拝まない。夏になって地獄の蓋が開くことも餓鬼の存在も信じない。盆供養も不要で、死者は呪わず、神の支配の中にある。

浄土教とキリスト教の違い

二つの世界観

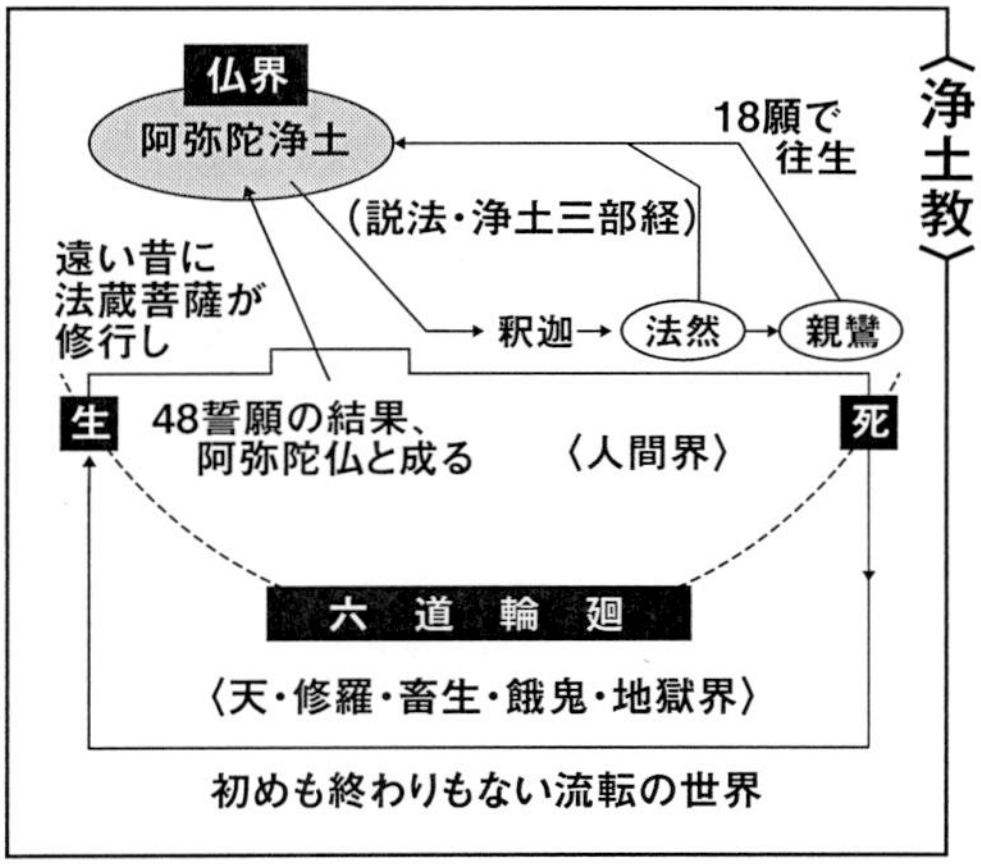

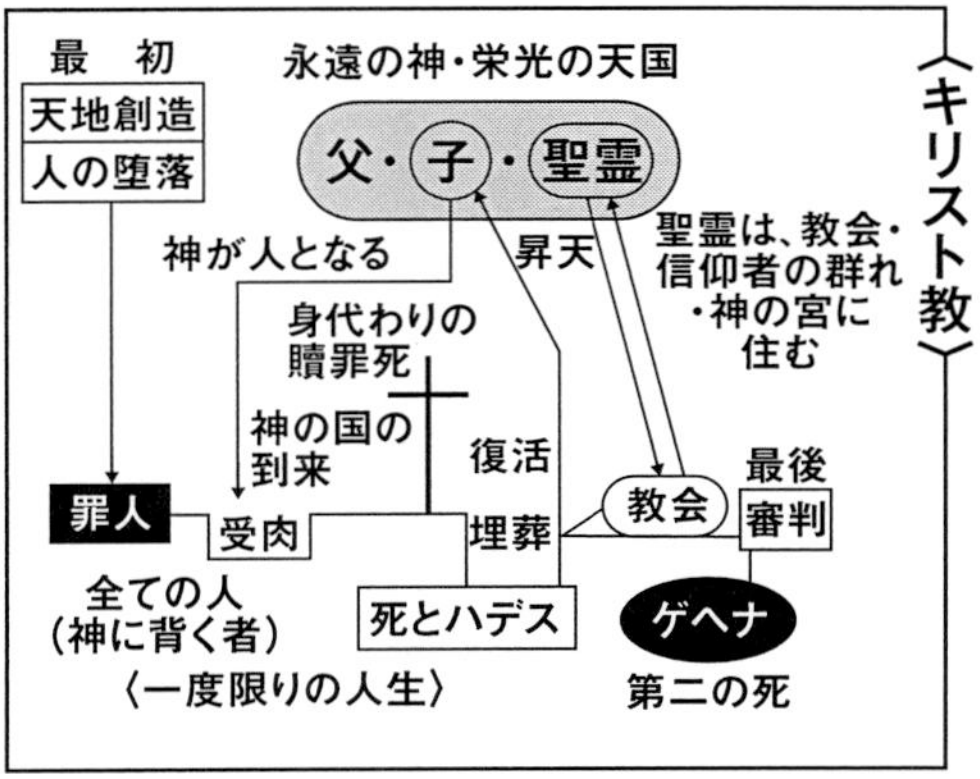

浄土教

1―教主と経典

教主は、阿弥陀仏（梵語でアミターバ・無量光〈永遠の光〉、アミターユス・無量寿〈永遠の命〉）で、西方極楽浄土にいるとされる。その教えが、紀元後に作られた大乗経典の浄土三部経（無量寿経、観無量寿経、阿弥陀経）で、無名の作者が架空の非歴史的人物を立て、空想の理想郷を作り上げた創作説話。

2―どのようにして人間が阿弥陀になったのか

阿弥陀仏になる以前、王位を捨てた法蔵菩薩が、苦しむ民衆を浄土に入れたいとして48の誓願をかけて修行した結果、阿弥陀仏と成り、十万億土先の西方に極楽を作り、民衆を招くために説法していると言う。特に、18願の「一切の民衆が阿弥陀の法と名を聞き、信じ、喜び、称えるなら救う」が救いの根拠。

3―なぜ人間が人間を拝むのか

インドには架空の考えである輪廻の教えがあり、人間以上になることや以下にならないために苦行や修行をする。その代表が釈迦や法蔵菩薩。釈迦の生涯は八〇年だったが、生まれる以前から修行していたとして、仏(悟った者)に成ったと考えた。

同様に法蔵は誓願をかけて修行し阿弥陀仏になったと言う。人が人を拝むのは、苦行を超えた考え(仏法)に惑わされ魅了されたことにある。聖書では唯一の神を否定し、闇となった心が偶像を作り上げ、背後に悪霊が関わっていると教えている。

4―西方には浄土はあるのか

西方に行っても極楽がない。それがないことが分かると、浄土を心の中と考え、念仏に専念した。どんなにありがたい理想郷であっても、存在しないなら称えることや命を懸けるのも空しいし、死んであの世に行ったが浄土が無かったとなると恐ろしいことである。

5―日本の宗祖、法然と親鸞の教え

平安後期の乱れた時代、人間は悪人で、末法の時代が到来したとして、人間の修行よりも阿弥陀の名と本願に信頼することによって浄土に行けると説いたのが、鎌倉仏教の法然(浄土宗)と親鸞(浄土真宗)。彼らは六字名号である南無阿弥陀仏(南無は信じるの意味)を称え、信頼することを絶対他力信仰と言い、旧来の戒律仏教を捨てて作られたのが浄土教である。

キリスト教

1　救い主と聖書

イエス・キリストはキリスト教の教主ではなく人類の救い主。イエスとは「神は救い」の意味で人名、キリスト（キリストはギリシャ語、ヘブル語ではメシア）とは職名で、神に「油注がれた救い主」の意味。人を救うために働かれた。

神は人を天国に救うため、ひとり子キリストを誕生させ、神の言葉を語り、罪を赦し、十字架の贖いの代価の死と復活と昇天を通して、キリストを信じる者を天国に導いている。

旧約聖書は、人間の救いがキリストを通して成ると預言し、新約聖書はその救いを実現したキリスト・イエスを伝え、私たちの人生の目的がキリストであり神の国に入ることと教える。

2　イエス・キリストは修行が必要か

イエスは、聖霊によって処女マリアから生まれた。彼は旧約聖書の預言と系図の通り、ユダ族のダビデの子孫として、ローマ帝国の時代にユダヤのベツレヘムで生まれた。

イエスが三〇歳のころ、洗礼を受けたとき聖霊が下り、天の父なる神が「あなたはわたしの愛する子、わたしはこれを喜ぶ」と語り、救いの活動を始めた。それゆえイエスは神の御子キリストと呼ばれた。キリストは釈迦や法蔵とは違い、永遠の神ゆえに修行は不要。

3―なぜイエス・キリストが神として拝まれるのか

イエスは人の罪を赦し、奇蹟を行ない、十字架の上で罪の身代わりに死に、三日目に復活し、昇天した。聖書は、神が父・子・聖霊として同格に語られ、礼拝を受けている。仏教のような努力や修行によって偉大な人物になることは教えていない。

4―天国はあるのか

天国から来たキリストが天国のあるのを教え、天国に入るよう招いている。キリストを信じた者の心の中には天国を慕い求める心があるのも証拠である。人はやがてキリストと同じ栄光の姿に変えられ、新天新地で永遠に住むとも教えている。罪が赦されないで死んだ人の魂は、最後の審判で正しく裁かれる。

特に違う点

1―浄土教は天地万物の創造と創造主なる神を否定。最後の審判の教えもなく、創造主に対する恐れのような阿弥陀仏に対する恐れはない。阿弥陀は西方浄土にいて外には出ない。創造主は天地万物を創造したゆえに、天地の主として崇められ、万物を支配し遍在している。

2―阿弥陀の地上での歴史的経歴は伝えられていない。釈迦は八〇年で死んで遺骨があり、死からの復活や昇天もなく、遺骨崇拝をしている。阿弥陀信者の心には、浄土への憧れはあっても、罪の赦しや天国に入る確信と希望がない。

3―聖書には旧約聖書の預言とその成就であるキリスト（新約聖書）の人格や活動など、神の特別啓示とするが、仏典には預言と成就がなく、人の作と言える。キリスト教徒は仏教徒のように、聖書の中のある書物だけを取捨選択せず、聖書を神の言葉と信じる。

4―仏典には、女は男になって成仏する（これを変成男子と言う）と教える。聖書は、男は男として、女は女として救われると教える。

特に似ている点

1―名を呼び、名に信頼すること

浄土教では阿弥陀仏を想い、念じ、その名を称える「称名念仏」で浄土に行くと教える。聖書は「主の御名を呼び求める者はだれでも救われる」と教える。しかし「主よ、主よ」と言うだけの者が天国に入るのでなく、神のみこころを行なう者が天国に入る、と教える。

2―人間は罪人・悪人

親鸞の弟子の唯円が書いたと言われる『歎異抄』には、「悪人こそが救いの対象」との教えがある。善人とは仏の多くの戒律を自力で守れる者(例えば真言宗の即身成仏、日蓮宗の六根清浄、天台宗の難行苦行などの自力聖道門)で、心から阿弥陀仏にすがる心がない。

罪悪人とは、仏の戒律を守れず背く者で、例えば修行や善行ができず、動物(畜生)を殺して食べ、酒を飲む者は、罪悪意識が強い。悪人は自力で仏にはなれないから、他力である阿弥陀の本願に信頼する、それを絶対他力信仰と言う。救いの根拠が本願力で、他力の他力で、それへの報恩感謝として他力信仰がある。他力とは他人の力でなく、本願力のこと。

阿弥陀信仰は実体のない架空の絶対者(阿弥陀仏)を設け、それへの信頼を作り上げた人間中心の仏教心理学、哲学ではないかと言えよう。

聖書の罪は、創造主に反逆し十戒に背くことで、偶像を作っては拝み、神との関係にないことを言う。また人を真実に愛せず、不品行を行い、貪るのも罪と言う。聖書は、修行ができるできない以前に、すべての人が生まれながら罪人であると教える。

だから神の御子は、罪人を救うため同じ人間となり、自身で罪を引き受け、十字架の上で赦しを叫び、苦しみ痛みを体験し、身代わりの清い血を流して罪の赦し(贖罪)をした。

それゆえイエスは罪からの救い主・神の御子キリストと呼ばれ、信じる者に神との平和をもたらし、愛と赦しの確信を与えている。阿弥陀は設定された架空の救済者であるが、キリストは実体のある救い主である。両者はこの実体があるかないかで大きく違う。

Profile

川口一彦［かわぐち・かずひこ］

1951年、三重県松阪市生まれ

愛知福音キリスト教会宣教牧師、基督教教育学博士。著書に『景教』、『一から始める筆ペン練習帳』（共にイーグレープ）他がある。聖書宣教講演や「仏教とキリスト教の違い」の講演、景教講演ほかを開催。日本景教研究会(2009年設立)代表、国際景教研究会・日本代表。季刊誌『景教』を発行、国際景教学術大会を毎年開催。大秦景教流行中国碑を教会前に建設(2014.11.3)。

☎090-3955-7955

Email　kei1951-6@xc.so-net.ne.jp

Facebook「川口一彦」で聖句絵を投稿、
「景教の研究・川口」で発信。

題字・表紙画・挿絵・編集／川口一彦

仏教から
クリスチャンへ —新装改訂版—

初　版———2017年10月20日

編著者———川口 一彦

発行者———穂森宏之

発　行———イーグレープ

〒277-0921

千葉県柏市大津ヶ丘4-5-27-305

TEL.04-7170-1601

FAX.04-7170-1602

E-mail: p@e-grape.co.jp

ホームページ http://www.e-grape.co.jp

乱丁･落丁本はお取り替えいたします

ISBN 978-4-909170-03-3 C0016